JK 8 455

LÉVY, Éditeur,

PLACE DE LA BOURSE, 13.

GUIDE

DES

NOUVEAUX COLONS

EN ALGÉRIE.

PARIS
TYPOGRAPHIE BÉNARD ET COMPAGNIE
PASSAGE DU CAIRE, 2

1848

GUIDE

DES

NOUVEAUX COLONS EN ALGÉRIE.

SOMMAIRE.

CHAPITRE Ier. — Avant-Propos. — Décret de l'Assemblée Nationale sur la colonisation de l'Algérie. — Noms des membres du Comité. — Dispositions administratives. — Marche à suivre. — Pièces à produire. — Ordonnance du Ministre de la Guerre.

CHAPITRE II. — Précautions à prendre dans le trajet.
CHAPITRE III. — Climat. — Température.
CHAPITRE IV. — Maladies. — Hygiène.
CHAPITRE V. — Habitations. — Constructions.
CHAPITRE VI. — Bestiaux. — Troupeaux.
CHAPITRE VII. — Prix des denrées de consommation.
CHAPITRE VIII. — Industrie. — Produits divers. — Main-d'œuvre.
CHAPITRE IX. — Des rapports des Colons avec les Indigènes.

AVANT - PROPOS.

Au moment où l'Assemblée Nationale vient, à la fois, d'organiser la colonisation définitive de nos possessions d'Afrique, et de donner aux classes laborieuses, par un vote de cinquante millions, le gage le plus certain et le plus efficace de sa sollicitude pour ses intérêts ; au moment où des milliers de familles se disposent à aller chercher, sur une terre féconde, mais qui leur est entièrement inconnue, les ressources et le bien-être que le travail doit leur assurer, et dont l'Etat leur fournit les premiers éléments, nous nous sommes proposé de venir en aide aux colons, en résumant, en quelques pages, l'expérience acquise par de longues années passées en Afrique comme soldats, comme colons et comme administrateurs.

Nous avons voulu les faire profiter, sans dépenses d'argent ni de temps, de cette connaissance du pays, qui nous a coûté si cher à nous. Ce que la boussole est au marin pour se diriger sur un océan inconnu vers un but certain, nous voulons l'être aux nouveaux colons, sur cette terre peu explorée où ils vont chercher l'avenir. Nous avons espéré leur servir de boussole et de guides, et, pour cela, nous nous appliquerons à être aussi simples et aussi précis dans notre forme, que complets dans nos indications.

Nous allons suivre, dans ce travail, la marche que nous nous sommes tracée dans notre programme.

CHAPITRE Ier.

Décret de l'Assemblée Nationale sur la colonisation de l'Algérie.— Nomination d'une Commission spéciale.— Dispositions administratives. — Marche à suivre. — Pièces à produire.

Un décret de l'Assemblée Nationale a ordonné qu'une somme de cinquante millions, divisible par annuités, serait appliquée au transport et à l'entretien de tous les citoyens français qui demanderaient, seuls ou accompagnés de leur famille, à se rendre, en qualité de colons, de cultivateurs, d'artisans ou d'artistes, dans nos possessions de l'Algérie.

Un arrêté du pouvoir exécutif a constitué une commission chargée d'étudier et de proposer les voies et les moyens les plus propres à l'exécution de cette grande mesure, ainsi que de déterminer l'admission définitive des postulants.

Cette Commission se compose des citoyens :

TRÉLAT,	Représentant du peuple,	*Président,* au siége de la Commiss^{on}.
DIDIER,	id.	*Vice-Président.*
DUBODAN,	id.	*Membres.*
FELMAN,	id.	id.
RICHARD,	id.	id.
MARTHOLOT,	id.	id.
BOISSEL,	id.	id.
BELLET,	id.	id.
FOY,	id.	id.
O'REILLY,	id.	id.
DUMONT,	id.	id.
GRISOLLES,	id.	id.

La Commission ne siége pas à jour fixe. Les séances sont indiquées. Elle tient ses séances à l'hôtel de l'ancien Trésor de la couronne, au Louvre.

Le Président reçoit sur demande d'audience motivée.

On voit les membres de la Commission de 9 à 4 heures, et de 8 à 11 heures le soir.

Le Secrétaire de la Commission reçoit tous les jours, et aux mêmes heures ci-dessus indiquées, excepté le dimanche dans la soirée.

Une ordonnance, en date du 27 septembre dernier, du ministre de a guerre, détermine les conditions d'aptitude, les formalités à suivre, les pièces à produire et les obligations à remplir pour être admis comme colon et pour devenir par la suite concessionnaire définitif. — En vertu de ces divers actes, tout citoyen qui se propose de se rendre en Algérie, doit :

1° Se faire inscrire à la mairie de son arrondissement ou de sa commune ;

2° Adresser en double, pour plus de sûreté, sa demande au secrétariat de la Commission, et produire à l'appui :

S'il est célibataire,

1° Son acte de naissance duement légalisé ;

2° Un certificat de domicile, de bonne vie et mœurs, délivré par le commissaire de police du quartier, constatant en outre qu'il n'a pris aucune part aux événements de juin.

L'indication de sa profession présente et de celle antérieure, si le postulant en a exercé une autre postérieurement.

Son livret, s'il appartient à une industrie dont les ouvriers sont tenus à en avoir un.

Un certificat, délivré gratuitement par le bureau de médecine attaché à la Commission, constatant qu'il jouit d'une bonne constitution et qu'il n'est atteint d'aucune infirmité chronique ou incurable.

S'il est marié, ajouter à ces pièces :

1° L'acte de mariage, l'acte de naissance des enfants qui en sont issus ;

2° Un certificat, délivré par le maire ou l'instituteur de la commune, indiquant le degré d'instruction des enfants.

Dans le cas où le postulant ne serait pas informé qu'il est admis ou refusé, ce serait au secrétariat de la Commission qu'il devrait adresser sa réclamation. — Toute sollicitation individuelle ou personnelle est interdite.

CHAPITRE II.

Précautions à prendre dans le trajet.

Une fois admis, le colon a d'abord droit à ses frais de nourriture et de transport jusqu'en Algérie, pour lui et sa famille, et doit, dès ce moment, prendre toutes les mesures les plus favorables à son nouveau genre de vie. Il doit, autant que possible, laisser en France les enfants en très bas âge, dont l'existence est presque toujours compromise par le climat d'Afrique. S'il peut même laisser, momentanément, sa femme et ses enfants plus âgés, et attendre, pour les appeler près de lui, que la première période de colonisation soit passée, et que son installation sur sa concession soit complète, il n'en vaudra que mieux. Dans tous les cas, il doit se défaire de son mobilier, quel qu'il soit, qui ne serait pour lui qu'un embarras sur les lieux, et un surcroît de dépenses dans le trajet, l'État ne passant que cinquante kilogrammes de bagage pour toute personne au-dessus de 12 ans, et vingt-cinq au-dessous de cet âge; mais il devra acheter ou se réserver un lit en fer, non garni, les ustensiles de ménage, tels que cuillers, couteaux, fourchettes, etc., les chaussures, et surtout le plus de linge de corps possible. Il n'est pas nécessaire de rechercher la toile pour ce dernier objet; le coton et la laine étant les étoffes les plus saines et les meilleures dans les pays chauds, par les propriétés qu'elles ont d'absorber plus facilement la transpiration. Tous les vêtements de drap doivent être soigneusement conservés et emportés. Enfin l'État ne fournissant strictement que les moyens de transport et la nourriture jusqu'en Algérie, le colon doit songer à s'assurer, dans la proportion de ses besoins, les moyens de subvenir, durant le voyage, aux mille petits détails des habitudes ordinaires de l'intérieur du ménage.

La traversée de Toulon ou de Marseille à Alger est de deux jours; pour Oran ou Bone, de cinq. Afin de se préserver du mal de mer, pendant le trajet, les principales conditions sont de se tenir, au départ, le ventre libre, l'estomac plein, d'éviter, sur toute chose, la constipation, et, pour cela, prendre avant le moment de l'embarquement, une légère purgation. Manger fortement et user, pendant la traversée, de boissons acidulées autant que possible. Il serait bon, à cet égard, que chaque chef de famille, et même chaque colon se munît d'un bidon, d'un cruchon ou d'une bouteille, contenant la boisson qui lui est recommandée.

CHAPITRE III.

Climat. — Température.

La température moyenne de l'Algérie sert de limite transitoire entre celle des pays méridionaux de l'Europe et celle des contrées tropicales. Ce qui caractérise le plus particulièrement le climat de l'Algérie, ce sont ses extrêmes variations atmosphériques. Plus on s'éloigne de la mer, moins il est rare de voir le thermomètre sauter, de midi à minuit, de 25 à 30 degrés, et passer ainsi de la chaleur brûlante de la journée à un froid de nuit assez vif, que ces brusques revirements rendent encore plus sensibles pour l'Européen.

Sur le littoral, que nous pouvons appeler, climatériquement, la première zône, la température est moins variable, parce qu'elle est constamment rafraîchie par la brise de la Méditerranée, et protégée contre les ardeurs du désert, par les chaînes du grand et du petit Atlas, qui forme comme une ceinture à nos possessions. Sous ce rapport, la province d'Oran, sur laquelle sont dirigés les premiers émigrants, est le point le plus propice aux premiers établissements.

On ne connaît d'autre hiver, en Algérie, qu'une saison pluvieuse, qui commence à la fin d'octobre pour finir vers la fin de mars ou dans le commencement d'avril, et durant laquelle les pluies torrentielles détrempent le sol. A cette époque, il s'élève de la surface des plaines, jusqu'au sommet des montagnes, d'épais brouillards chargés de miasmes délétères. Les travailleurs des champs doivent toujours attendre que les premiers rayons du soleil aient dissipé ces vapeurs, avant de commencer leurs travaux. La saison dans laquelle nous entrons est cependant reconnue comme la plus favorable à l'acclimatement, car, de l'été à l'automne, l'Européen est exposé aux plus grandes ardeurs du soleil et à l'influence du simoun (sirocco), qui souffle de temps à autre dans cette saison. Le vent du désert qui, chargé de vapeurs brûlantes des sables qu'il traverse, vient mourir aux bords de la Méditerranée, produit sur les organes une prostration, une lourdeur et une suffocation qui s'étendent même jusqu'aux animaux. L'extrême humidité du sol et l'extrême sécheresse sont, d'une saison à l'autre, fréquentes sous ce climat qui, à part cet inconvénient, est généralement sain et agréable.

Des Eaux.

Il n'existe en Algérie aucun grand cours d'eau navigable. Le Chélif, fleuve qui pourrait mériter ce nom par son étendue, dans un parcours de près de 80 lieues, tantôt torrentueux, tantôt à sec, est le plus considérable de tous ; mais on rencontre, en revanche, une multitude de rivières, de ruisseaux, de fontaines, et même de citernes : dans celles-ci, et dans les puits que l'on creuse, on conserve les eaux de pluie pour suppléer, dans l'été, au tarissement des cours d'eau. En général, c'est bien moins l'eau qui manque à la terre et à la culture, qu'un emploi bien entendu ; et, sur plusieurs points, surtout sur ceux qui recèlent des mines, les eaux potables nécessaires aux besoins de l'homme et des bestiaux abondent. Quand elles dissolvent mal le savon ou ne cuisent pas bien les légumes, elles ne sont jamais bonnes à boire. Dans tout le Sahel, les sources sont fréquentes et l'eau habituellement saine. Lorsqu'on n'en trouve, pour se désaltérer, que de saumâtres ou de mauvaise qualité, il vaut mieux s'en humecter la bouche ou s'en laver le visage et les mains, à la manière des Arabes, que d'en boire.

Dans beaucoup de ruisseaux ou de fontaines l'eau renferme des sangsues, à peine perceptibles à l'œil, si l'on n'y fait pas une grande attention. Il faut prendre la précaution de la tamiser, au moyen d'un seau en toile écrue, avant de s'en servir. Le bétail que l'on conduit aux abreuvoirs est plus particulièrement exposé à cet inconvénient, car la sangsue s'attache au palais. Aussitôt qu'on s'aperçoit, à la salive ensanglantée de l'animal, de la présence de la sangsue, il faut s'empresser de l'arracher avec les doigts, ou à l'aide d'une pince, si elle adhère trop fortement.

CHAPITRE IV.
Maladies. — Hygiène.

Les principales maladies qui affligent le colon, dans les premiers temps de son séjour, sont : les fièvres, la diarrhée, la dyssenterie et l'ophthalmie. Nous indiquerons plus loin les moyens à employer pour s'en préserver, ou du moins en combattre les effets. Nous ferons ici cette observation importante, c'est qu'en Afrique les maladies vont vite et prennent en peu de temps un caractère pernicieux. Prises au début de l'invasion, elles présentent moins de gravité ; négligées, elles passent à l'état chronique ou deviennent mortelles. Surtout, il faut éviter les rechutes. On ne doit donc jamais négliger l'indisposition la plus légère, il faut avoir recours au médecin dès que l'on se sent atteint.

Hygiène.

On entend par hygiène l'ensemble du régime habituel pour se conserver en santé, des précautions à prendre pour se préserver des maladies, ou l'emploi de remèdes efficaces pour en combattre les effets. C'est à cette partie de notre travail que nous nous sommes plus particulièrement appliqués, ayant appris, à nos dépens, à apprécier toute l'importance des recommandations dont nous allons prescrire la pratique. Sans la santé point de travail, partant point de succès.

La propreté du corps est, en Algérie, comme dans tous les climats chauds, le premier de tous les soins à prendre. Indépendamment de l'habitude contractée, en Europe, de nous laver journellement le visage, les mains et les pieds, le colon devra, après toute transpiration abondante, s'essuyer le corps avec un linge sec, et faire, autant que possible, une rapide ablution générale, et changer ses vêtements humides contre d'autres plus secs. Pour ceux qui se trouveront voisins du littoral, quelques bains de mer seront très salutaires. Il convient de les prendre courts, de ne jamais entrer dans l'eau en moiteur, ni moins de trois heures après les repas. Le soir est le moment le plus favorable pour se baigner.

L'humidité des nuits, l'humidité du sol, et, par suite, celle des extrémités, sont une des principales causes de maladie qu'il faut éviter, soit en portant des sabots, si la nature du travail ou du terrain le permet; soit en ayant toujours de fortes chaussures de cuir, entretenues avec soin, et en portant des bas ou des chaussettes de laine. Il faut, au plus fort de la chaleur, suspendre tout travail, et prendre quelques heures de repos, et toujours à l'ombre. On ne devra pas également négliger l'emploi de la ceinture de laine, autour des reins : c'est un puissant moyen de conserver la chaleur à la région abdominale, si nécessaire aux fonctions digestives. L'usage de la flanelle est indispensable ; pour ceux qui pourront disposer de plusieurs gilets, ils devront les mettre sur la peau; dans le cas contraire, se contenter de porter cette étoffe roulée en ceinture, par-dessus les vêtements ; elle remplace alors la ceinture arabe, dont nous avons parlé plus haut.

Un chapeau de paille, de feutre blanc ou gris, est la meilleure coiffure. On peut s'en procurer à Marseille ou à Toulon, à bon compte. Le prix des premiers varie de 2 fr. 50 à 6 francs; celui des seconds de 5 à 10 francs.

C'est à la soif surtout à laquelle il faut apprendre à résister, en Algérie ; les boissons, en augmentant encore la transpiration déjà si abondante sous ce climat, affaiblissent et débilitent toute l'économie. Tous les excès sont dangereux, et, par-dessus tous, ceux qui ont pour causes les boissons alcooliques dont il ne faut faire qu'un usage modéré. Ceux d'entre les colons qui en auraient contracté l'habitude en Europe, ne doivent cependant pas en supprimer l'usage brusquement, mais seulement peu à peu, à mesure qu'ils s'habituent au climat.

Dans l'extrême chaleur, le café est une boisson salutaire. En allant au travail, le cultivateur ou l'ouvrier feront bien d'emporter avec eux un bidon comme ceux de la troupe, c'est-à-dire recouvert d'une étoffe en drap humide, et contenant de cette liqueur étendue d'eau sucrée légèrement, ce qui a la propriété, en étanchant la soif, d'être excessivement tonique. Le vin, l'eau rougie sont, après celle-ci, les meilleures boissons. Quand on n'use que de l'eau pure, il faut, autant que possible, pour en corriger la crudité, y mêler quelques gouttes d'alcool ou de vinaigre.

Nous le répétons et ne saurions assez le répéter, on ne peut trop se mettre en garde contre les exigences de la soif : à ceux chez lesquels elle deviendrait trop ardente pendant les heures de travail, nous recommanderons de se contenter de la calmer en humectant plutôt les lèvres, avec une des boissons que nous avons prescrites, par quelques goûtes dégustées lentement, que d'en boire avidemment en grande quantité. Surtout jamais n'employer de boissons tièdes ou trop froides. Le colon éprouvera à son arrivée une recrudescence dans son appétit ; il doit se mettre en garde contre cette tendance et se restreindre sur sa nourriture. Les allocations fournies en vivres de toute nature aux émigrants sont suffisantes comme quantité, et pour la qualité elles ne laissent rien à désirer ; elles sont les mêmes que celles dont fait usage l'armée.

Il faut s'attendre néanmoins à ce que les colons chercheront à améliorer, à leurs frais, leur ordinaire *rationel* par quelques petits suppléments, tels que légumes frais ou fruits de la saison. C'est surtout dans ces menues dépenses d'intérieur qu'il faut apporter la plus sévère attention à ne commettre aucun excès dans le boire ou le manger. Les fruits de l'Algérie, qui du reste sont à peu près les mêmes que ceux d'Europe, n'ont pas toute la saveur qu'ils y acquièrent ; ils n'en sont pas moins agréables et savoureux ; mais ils demandent à n'être mangés qu'arrivés à leur parfaite maturité, autrement leurs effets sont nuisibles. Ces recommandations s'appliquent plus particulièrement aux mères de famille qui, souvent par négligence ou par une trop coupable condescendance, laissent à la portée de leurs enfants des fruits dont l'état de verdeur devient nuisible à la santé. Les colons entendront vanter les résultats obtenus par l'emploi de la figue de Barbarie, dans certaines maladies, telles que le flux de ventre et la dyssenterie. Qu'ils se tiennent en défiance contre ces effets merveilleux! En tout état de cause, ils doivent alors en faire un usage modéré, car ce fruit a la propriété d'être très astringent, et l'on sait que nous avons recommandé de conserver le ventre libre avant tout.

Les maladies auxquelles l'enfance est sujette sont nombreuses, avons-nous dit, et présentent un caractère plus alarmant qu'en Europe, surtout chez les enfants en bas âge. Il sera donc bon et salutaire de leur administrer une légère purgation de temps à autre. L'huile de ricin devra être préférée comme préservatif en outre contre les vers.

Nous avons recommandé plus haut d'emporter le plus de linge de corps possible pour entretenir une propreté constante, et de donner la préférence à celui en coton et en laine. Les couleurs claires devront être également adoptées; plus elles se rapprochent du blanc, plus elles repoussent la chaleur; sous le rapport de sa forme l'ampleur doit être recherchée.

CHAPITRE V.

Habitations. — Constructions.

L'État s'est obligé à construire les habitations qui doivent être élevées sur les propriétés définitives qui seront concédées aux colons; nous ne saurions donc traiter cette question ni rien préjuger de ce qui sera fait à cet égard. Nous nous contenterons (d'autant plus que cela rentre dans le cadre que nous nous sommes proposé), de prescrire quelques dispositions sanitaires et de salubrité, relatives tant aux constructions destinées aux familles qu'à celles occupées par les animaux, l'État appropriant les locaux aux besoins et à l'industrie de chacun.

La première précaution à observer dans les habitations des hommes, c'est que le sol en soit exhaussé de plusieurs pieds au-dessus du terrain naturel, afin de mettre les habitants à l'abri de l'humidité. Que les travaux du ménage se fassent autant que possible dans une pièce séparée de celle où l'on couche; que les portes et les fenêtres ne restent pas ouvertes en même temps, pour éviter les courants d'air, toujours pernicieux pendant les grandes chaleurs; qu'enfin les logements soient clos durant la plus grande partie de la journée et fermés hermétiquement la nuit.

Un soin que nous ne saurions trop recommander est celui de ne point entasser, aux abords des habitations, les immondices; d'éviter le voisinage des fumiers; enfin l'amas des débris d'aliments et l'accumulation des eaux ménagères. Il faut creuser, à quelque distance des maisons, une cavité où toutes ces choses seront déposées. Plus on s'éloigne des points reconnus les plus sains, plus cette prescription acquiert d'importance.

Après avoir donné tous ces soins à l'aménagement intérieur et extérieur de la partie des habitations occupées par la famille, on devra se préoccuper, avec non moins de sollicitude, de ceux relatifs au bétail, cet élément le plus direct et le plus productif de la richesse agricole. Le cultivateur sait, par sa propre expérience, que la terre la plus féconde est celle où le bétail est le mieux soigné, et qu'il n'y a pas d'agriculture possible sans bestiaux. Les troupeaux des Arabes parquent, quelle que soit la saison, presque toujours à découvert; les siens devront être rentrés le soir dans des étables propres et bien entretenues. Qu'ils aient sous les yeux l'exemple des Anglais et des Suisses, nos maîtres en ce point, dont les bergeries et les étables sont soignées et entretenues aussi bien que les habitations des maîtres.

On n'emploie chez les indigènes que rarement les bêtes à cornes aux travaux de labour. Ce sont ordinairement les chevaux que l'on attelle à la charrue; néanmoins nous recommanderons de préférence l'emploi des bœufs comme en Europe, mais après toutefois que les champs auront été purgés d'une plante parasite, le palmier nain, qui infecte presque tous les champs, et dont les racines, d'une difficile extraction, nécessitent l'emploi de la pioche et de grands efforts. On emploiera, comme clôture, l'aloës et le figuier de Barbarie, dont la contexture hérissée d'épines mettra les champs et les vergers à l'abri des déprédations des animaux, quoique beaucoup adoptent les murs empisés pour enclaver leurs propriétés. Nous recommanderons également le roseau, qui peut en outre servir à divers usages, tels que paniers, nattes, etc.

CHAPITRE VI.

Bestiaux. — Troupeaux.

L'élève en bétail, avons-nous dit, fut longtemps négligé par les indigènes. La succession continue des razzia opérées sur les tribus pendant la guerre, n'ont pas peu contribué à apauvrir le pays en troupeaux. L'agriculteur devra donc apporter toute sa sollicitude à l'amélioration des races et au développement de cette industrie. Les Arabes emploient les chevaux aux travaux agricoles. Petits, mais vigoureux, ardents et sobres, les chevaux qui se rencontrent partout en Afrique, quoique dégénérés des races primitives, rendent un excellent service. Les haras de Mostaganem, de Bone et de Coléah, institués depuis peu, seront d'ici à quelques années d'un utile secours pour la régénération de la race chevaline.

La race bovine a subi également cette dégénérescence ; chétives, maigres, donnant peu ou presque point de lait, les vaches sont bien inférieures à celles élevées en France, tant sous le rapport de la chair que sous celui du produit.

Ce que nous disions de l'espèce bovine peut également s'appliquer aux moutons et aux chèvres, il y a donc de grands essais à tenter, de grandes améliorations à apporter, mais aussi, de grands résultats à obtenir. Nous ferons cependant une exception en faveur de la chèvre maltaise : cette espèce, dont le nom implique assez l'origine, est due aux émigrés anglo-maltais, accourus dans notre colonie ; laitières excellentes, elles fournissent presque exclusivement le lait qui se consomme journellement en Algérie, mais le prix élevé auquel elles sont offertes, ne permettra pas, de quelques temps encore, aux colons de s'en procurer, à moins qu'ils ne puissent avoir quelques jeunes sujets, qui plus tard, deviendront l'origine de troupeaux nouveaux.

La loi musulmane qui interdit aux Arabes l'usage du porc et le proscrit comme immonde, s'est jusqu'alors opposée à la propagation de cet animal. Les ressources nombreuses qu'il offre sont un sûr garant des bénéfices considérables que le colon peut retirer en se livrant à son élève.

Dans les villages, dans les fermes, partout enfin où se trouvent des cours d'eau, on fera bien d'élever de la volaille. Les oies, les canards sont d'un excellent et prompt rapport, et pour donner, en quelques mots, une appréciation approximative des ressources du pays, en ce genre, nous allons mettre sous les yeux du colon l'évaluation moyenne des prix courants des diverses denrées.

CHAPITRE VII.

Prix moyen, en Algérie, des principales denrées, et objets de consommation et d'exportation.

La limite que nous nous sommes imposée dans ce travail nous a conduit à prendre un terme moyen qui puisse servir de base aux colons dans leurs différentes acquisitions ou transactions :

Un Cheval de travail coûte de.	100 à 200 fr.
Id. de trait.	150 à 300
Un Taureau.	80 à 100
Une Vache	60 à 70
Un Veau.	25 »
Un Mouton	7 à 10
Une Chèvre indigène	10 à 15
Une Chèvre maltaise	» 80

Un porc (suivant le poids, à raison de 60 cent. le kilog.)

Denrées.

Le sel, le savon, les articles essentiels d'épiceries, se tirant presque pour la plupart des ports de France, coûtent à peu près le même prix. Il en est de même des vins et des eaux-de-vie; mais ce dernier commerce ne peut présenter, pour les nouveaux arrivants, aucune chance de bénéfices réels, à cause de la grande concurrence. Les débitants de vins et de liqueurs sont, comme dans nos villes, soumis à l'exercice. Cette mesure, du reste, est plutôt appliquée dans un but de salubrité que dans l'intérêt du fisc. La vente des tabacs seule est jusqu'à présent exempte des droits de régie.

Tous les articles de mercerie sont importés d'Europe : il est donc inutile de se préoccuper des ressources que le pays peut offrir en ce genre. Les ménagères trouveront soit dans les villes, soit dans les villages à proximité déjà établis, tous les objets dont elles auront besoin et à peu près aux mêmes prix qu'en France.

Un des grands inconvénients de l'Algérie qu'il s'agit ici de signaler, c'est la pénurie du bois, tant de construction que de celui nécessaire aux usages domestiques, car on n'en trouve guère que sur le littoral. Le monopole du charbon appartient presqu'exclusivement aux Arabes de la montagne, Kabyles ou Biskris, qui en approvisionnent nos marchés. Le coufin, espèce de panier en paille, se paie à raison de

2 francs 50 cent. à 3 francs. Il peut contenir à peu près de 3 à 4 kilog. de charbon.

CHAPITRE VIII.
Industrie. — Arts. — Produits divers.

Les différentes questions traitées dans les chapitres précédents semblent plus particulièrement s'appliquer aux colons agriculteurs, quoique les prescriptions générales qui y sont contenues peuvent être utiles à tous, sans distinction d'état. Nous n'avons cependant pas oublié qu'ils n'étaient pas les seuls qui allassent tenter la fortune sur la terre africaine, que d'autres industries avaient droit à nos conseils.

Ainsi qu'en France, les ouvriers d'art, menuisiers, charpentiers, forgerons, maçons, y sont fort recherchés. Le développement qu'avait pris la bâtisse en 1844 et 1845 était tel, que le prix de la main-d'œuvre s'était élevé à cette époque, terme le plus bas, à 4 francs, et au plus haut à 10 francs par journée de travail. L'agiotage sur les terrains et les faillites qui en ont été la conséquence ont arrêté le mouvement industriel, à ce point qu'après la révolution de février, près de 2,000 colons ou ouvriers durent abandonner Alger. Il est à présumer que bientôt la nouvelle impulsion imprimée à la colonie, par la sollicitude éclairée du pouvoir, remettra les choses dans leur premier état, accélérera les progrès, et qu'avec la confiance naîtra le travail. Ainsi donc point de crainte à concevoir de la part des ouvriers.

Dans beaucoup de localités du Sahel, le terrain présente d'excellente argile propre à la confection des poteries et de la brique, et par conséquent les colons pourront fabriquer à bon compte les ustensiles de ménage.

L'architecture ici est nulle, les constructions françaises ayant remplacé presque partout les délicates maisons mauresques aux brillantes arabesques. Avec la prospérité seule peut revenir le luxe, et de là l'emploi intelligent des artistes. Mais nous sommes encore loin de cette période. C'est seulement à l'aménagement un peu grossier des fermes et de la construction des villages que les ouvriers seront d'abord employés.

Jusqu'à présent, soit incurie de la part des premiers colons, incertains de l'avenir, soit mauvais vouloir de la part du gouvernement déchu, la production du sol n'a pu subvenir aux besoins de la colonie. Presque toutes les denrées de première nécessité ont été tirées de la mère-patrie ou des pays étrangers limitrophes. De là, l'élévation du prix de tous les objets importés que nous avons signalés plus haut. Ce n'est que par l'échange réciproque de leurs produits que les États arrivent à une position commerciale florissante. De longtemps encore, ces échanges ne pourront avoir lieu ; c'est à vous, colons sérieux, arrivant sous les auspices les plus favorables, qu'il appartient de développer les richesses de ce sol fécond ; c'est à l'agriculture, si négligée par le peuple arabe, jusqu'ici peuple de pasteurs nomades, qu'est réservée cette transformation.

Les terres arables d'une culture facile, ont un rendement de 60 à 70 pour 1. Toutes les céréales y acquièrent un prodigieux développement. Quelques essais tentés sur l'avoine, dans les environs d'Alger, de Douéra et de Blidah, ont eu les meilleurs résultats et laissent espérer que cette dernière espèce s'acclimatera parfaitement dans le pays. Les Arabes n'avaient jusqu'alors cultivé que le blé, l'orge et le blé de Turquie. Les prairies artificielles leur sont encore entièrement inconnues ; ils se contentaient de faire paître leurs troupeaux sur les versants des montagnes durant la belle saison, ou dans les plaines, quand la saison froide ou pluvieuse les forçait à les en faire descendre. Toutes les plaines, du reste, produisent un excellent fourrage nutritif et aromatique, mais dont la récolte doit être opérée, au plus tard, en avril ou en mai, si l'on ne veut le voir dessécher par les rayons du soleil. La culture du riz n'a pas encore été tentée ; nous ne sommes pas éloignés de penser qu'elle ne réussît à merveille dans les plaines du Chélif, aux abords de l'Oued-Boutan, près Millianah, où les terres ont beaucoup de rapport avec celles du Delta du Rhône.

Les légumes de toute sorte, quoique présentant moins de développement que ceux d'Europe, se sont néanmoins parfaitement acclimatés. La vigne pousse partout luxuriante ; les côteaux de Millianah, ceux des environs de Médéah, doivent donner d'excellents crûs, si l'on en juge par les échantillons obtenus, à titre d'essai, par quelques propriétaires de ces contrées.

Les vergers sont peuplés tant des arbres fruitiers d'Europe que de ceux appartenant au climat : tels que le figuier, le grenadier, etc., etc. Placer les arbres fruitiers exotiques en espaliers, c'est les exposer à être grillés par l'action brûlante des rayons solaires ; aussi, les fruits d'Europe ont-ils moins de saveur là que sur le sol natal.

Nous n'ajouterons à ce travail, déjà un peu plus étendu que nous ne nous proposions de le faire, et cependant, nous le sentons, encore fort incomplet, un mot sur les relations des Européens avec les races indigènes, relations qui tendent à devenir de jour en jour plus fréquentes par l'extension même de notre colonie, qui s'avance vers les points où leur antipathie pour nous les a relégués.

CHAPITRE IX.

Par ses mœurs, ses habitudes, sa religion, l'Arabe est l'ennemi né des chrétiens (Rhoumi) ; il subit le joug imposé par le vainqueur, mais il est loin d'être soumis ; au fond du cœur, il nourrit un sentiment de haine dont ses croyances lui font un mérite et une loi, et la pensée secrètement entretenue par ses marabouts (prêtres arabes), qu'un jour le sol foulé par nous, sera rendu à ses premiers maîtres. Rusé, sobre, laborieux, seulement lorsque la nécessité l'y contraint, il apporte dans ses relations avec nous toute la défiance et la finesse du Normand, et une répulsion qu'il sait dissimuler lorsque son intérêt l'y oblige. C'est à la force qu'il obéit ; il ne reconnaît la domination qu'appuyée de la puissance.

Par suite de l'occupation du sol algérien, les populations européennes et arabes se sont souvent trouvées en contact. Des relations se sont établies entre les centres agricoles et les tribus. La connaissance peu approfondie du caractère des indigènes, cette confiance imprévoyante que le Français porte avec lui en toute chose, est la cause de bien des accidents que nous avons eu, dans l'origine, à déplorer. Admis au service ou dans l'intimité des colons, l'Arabe astucieux a mis bien souvent à profit cette facilité de caractère de nos compatriotes, pour les dépouiller ou se livrer sur eux à d'atroces violences ; mais si les actes des indigènes ont été répréhensibles, le colon, par fois, n'a pas eu de moindres torts à leur égard. A l'exemple des Turcs, dont nous recueillons l'héritage, ils ont, par des rigueurs intempestives, des châtiments humiliants infligés en dehors de toute légalité, redoublé leur haine vindicative. La mauvaise foi dans nos transactions avec eux leur a donné une opinion peu favorable de notre loyauté.

Les nouveaux colons devront donc chercher à éviter les errements de leurs devanciers en imprimant à tous leurs actes, à toutes leurs actions un caractère de franchise, de fermeté, et en même temps de bienveillance, sans faiblesse ni raideur, pour ramener leurs voisins à des sentiments plus amicaux de leur part. C'est le seul moyen de les persuader de la supériorité de notre civilisation et de nos mœurs sur les leurs.

Typographie Bénard et Comp., pass. du Caire, 2.

www.ingramcontent.com/pod-product-compliance
Lightning Source LLC
Chambersburg PA
CBHW071449060426
42450CB00009BA/2351